JN150490

場印 **坂中** 新品 一場

おことのととは、本であるなるとのところ 日本の中の中国の人人の一人を一日の一日日本の十日日 大部分のからのなれるとのおがのというという れないということのことのことのかんなからいい これでいるとはいれることのようないからいしていると 人とととくとくととなるないとからからない 一班中国中一年一年一年一年中日中日日日

いてはいましてまるのうとうのととははない 一种学生的人的人的一种人的人的人的人的人的人的人的人的人 李子子以第一門四十十八次的門一門在 となるとのまというからないないないというとうしているのう あるととなるからいというないというというというというという すべいりといいいかりのできるできていません とかとなるとないしていれようなとりとり

9

からからかられているしているとうというというと 少いかあるかいます」なるからいる日本にかりと りているのというとうとうというというというというとう いるからのころとというとうとうとうとうとうとう 女子というないかんしてかっているというないとうない からかんないとうないとうないとうないとうない

石沙野中上半年多多多人的 是少好的 あっているのかられないとのはあいいろうとうない かんかられるとうしているののないないない サンスできないというというないというないのか しているかられるというないとうないとうないと TONE LINE LANGE TO THE STANKE TO SANCE のかくましまっていれているというのというのか

またからからいいにいいんなななるとうとというないという からなっているというとうというというないというないのできているという BARRIAN PROPERTY OF STATES はるないとうとうないとれるというないのかとうない ころというないのはのいとというともに というないのできるとのできるというないとのできる

このとうかられているというとというというと 日本は一日のことのはままままるとのである。 かっているとかっているとというとうというという かられているのというないかのかっているのか 李子がなるないとまるしかのである ではのかかっているからいからいからしています 了的人人 日本日本 日本日本 日本日本 とからいうないまませんというとうと

あるかんとうないかかれているとうないとうない 我了一大的人的事故是 古野人人民日本人 あるかしいのかる あるかんないというというという あるからいとうとうとうというというではいる」 いとうというとうというというとはなると からしてはないというないとなるというとうとないないから これのかんないのかしのなるのかのではよしいろう

がらはからからからなるのではなるとのである。 いかかれてきないからからからからからからからかられているよう のできるないといういというできるかってい 日本のなるとうととなったとうというとはないのから とうしていていてるからいまいいましているかられてい CANAL AND THE PROPERTY OF THE PARTY OF THE P これのないできないとなっているというというというという ないのかとからなけれるなけれるのではしいと

いているいというというというというできていること ころうとのは、なくがあるとなったのというというというと とうとうというとうないのはないとうないとうないと TO SEE STATE OF THE SEC STATE OF THE SEE STATE OF THE SEC THE PARTY PORTE AND THE PARTY PORTY 日からかりというかが、今起を回りまして、少人的 あるなるととなってもなっているとうというと くればれるとおがあるともなるとのというとう

MARTHER CONTRACTOR OF THE PARTY The Ball of the Charles of the Sales 好きんでいるとはなりのとないまというできないまる はのとれるとうとうとうとうとうないまれるよ 公司的 中華 不是不不知道的人的人的人

いからくいとはいくという されているとうないということによることというないとうないと 大学のころのなる 国本国本のはのとのない からいかっていることであることのからいないから ついのうというとうないとうないというとうこうとう 日でものとなったからかがあったのしの大きに

DESCRIPTION ON ONE BREEK ABOUT ABOUT しかいというなっているというないとうないと BANKA TONION OF THE POST OF TH Lange Line Contract Deporter and American to the total and the total of the total of

るでいるとは少ないくしてきというできる And the state of t ことからいからかっているとうないというないというとう 西等的大学品大小工 とうないとうないとうないとうないとうないというというないというというないというないというないというないというないというないないというないできないというできないというできないというできないというできないというできないというできないできない。 ころかつかいのかいかけ いいこととというかったいとる

PARTY STANDER CONTRACTOR OF THE STANDER OF THE STAN 老の日本一年であるいいことは、一日の一年の本本のないい おった一次面があるのでとうようからして 了好国子即大校的人人的人的人的人的人 とうとうなっているのかいかのかしともなることのできる 本人子といればいるはれるとは一大 かれていているが、あんちのからないとうないかられて

かんかんなくないのかんとうないとうしているかっているが 西京教育的一部一部一部一部一部一部一部 SAME AND SOUTH OF THE PARTY OF いれなかとうとというできるからなっていいいという いけっちているないとうないのかりましていると

かんとうない からのは ないのからないとうない かんちてきるかいしているこうとうない ない大場してるとうとうとうとは出していいませた 一大大学のこれのなからなっているとのできる 大人の大きな人となるとことのようないとは、何から できるなどとしてはないないのはないとなると

我们去解华国际人的都是教育之人成本教皇中人名 かられていているとのというないというできるからい まれないとというとのところとはなるとないとと からのまといれるとはいるというというというというと からんないとうとうないかられるとうないかられているとう CHANTER COUNTRY WAS SET TO THE SECOND 大年一年 の名の野

日本は日本ののからのであるとのは一日本ののできると 「小の以外以外を一下の一大小的に」と まるとのとうとうできるからのははないと おしがあれるというとうというというというないかい ACTORIES OF REPARTS OF THE PARTY OF THE PART からなけれる教教し、文を記してることとう からかんとうとからなるないとうないといい

大学·人多个的一种一种一种一种一种一种一个一种一种一个一种 国的ないとはは大きないとからいのであるようか はないするとは、なられるとのないかがあるは からありるがいというかかくるのはくないとかん かられるいかいはんかしくかいるでもまましてん 京大学のからのは、日本のとのは、日本のというのである

はかったとうないとのであるというというというできる。 るとはないかられるとうないというかんから 我有了一个一个一个人的人的人的人的人的人的人的人 Mary BOUNDER OF BURNESSE ないとくなどとうとうとうできるというないないか 大大大人人 不是不是一个人的人的一个人的一个人 くるというかんときくしてるしかよりいます。 では、今日からのないのないのはまませいのできます。 ともりれていま

のちかられるというないのできているというないとう してくれられていまするというというのはいい 不是我的人工的一个一个一个一个一个一个一个一个一个 少了以外中的一个一个一个一个一个一个一个一个一个

ないというかからしていないとうないとうない ありまりているとというとなるとうないとうないときないときないときない まとうとうとなるないのはなられているとのと 一世でいてきるかられるかられるかってきているという

THE BUILDING TO SERVE STATE OF THE SERVE STATE OF T はからかられるかいとはというとうしてきっている 人名明人文本語一學出來以此為一年了人 さんしているとうとうとうとうというかしから、大き 国政员上的一个社会的一个大学的

一大人子の一日日本大人のこのなるからないと 到了了一个人人人的人的人的人的人的人 明の人をしてきなるないとないできています THE THE PARTY OF T 西西北京中国中国的人人的人人的西南西南部大河南西

なっというないとうないしてものできないというないのか るいろうないというないというないというないからない まっちのあるかった。マードーンではないのかいしま 人ないちものというというというとはいい あれているというのはないないというとという というらいとというというというと Jan And Land Control of the Control

東京なるとなるとをときてまるとうないませい 女とういろのかとうとうとうないかんとう となるというなるとうとないとないこと 一年 日本中の時でのから日かりといいい THE PROPERTY OF THE PARTY OF TH とうかしているとうないというないというないとしているとしていると

Single of the Asset of the second 大子一切の一年前部 五一八日本部の一大人 大学のあるというというというというというという THE PORT OF THE WAR THE TO THE WASTERNAMENT OF THE PARTY していているとうないないないないないとうしていない

いるとうとなってあるのであっていれているとう 西部中日本了公司公公公人的一人大大大人 - March Control March of March Control というとうないとういははいるとうとうというと Contract (A) contraction

とうとかる しょうかんとうないとうというというとうかん 大学 へのからないいかいからないというないというないのからい あるとというはないないないところのとと、あるとと、あるとと、 世界のはないいいいいのかられるからい ころうと、世上からいているいというとは、大きのから THE CONTROL WAS THE CONTROL OF THE PARTY OF これはないというないのというというというというというという

プランとないというというできることというないかられているか 本であるとからないとうというとうないとうというと のなかられる としてくしている かんなかいしているののかしかしなりとうい 35 50

The the second of the second with 一个一个一个一个一个一个 O LA Walle Holocolo-12

雪色的人 以明是公子 OS AND BARRY シュートという (2) 83 8 8 8 0 O の本語の大きな以 一等七年的地の

まるからなるというないないまるまとうとなる くっというというというというとうというというという 表了品面是我的是一个的人。一个的一个是一个人的一个的

いまっていまする 7時ではなるとりが、以 いるとのできる るというないというない いいかんという ~ 五大地ではある る明らきままれる できているというできる 国北京 生 多明於 4名を明のとはる の見る。親の見る 日本人の人名人 におけるとのなる は、村ののは大き ではいからまるから 福林に思いる

一年の日本の日本の一大学大田の日本の日本の日本の なまりくりとからとことのとうとうとうとうとうとうとう THE PERSON OF THE PARTY OF THE A Salara Market Charles Bolos A. MAN SOUND PASSAGE TO CONSTRUCTIONS TO THE STATE OF THE ST はなるないというというというというというできているというできている。 は、大いの子というには、大いの子というにはいるののできている。 では、大いの子というには、大いの子というになるのできている。 一日の日本人の日本の日本

国人人人在我们的人的人的人的人的人的人人的人人的人 公はいているからからからからからから 場ではしているとないというないとととというないの からればなり、日本であるとのとのは、中心はよっての できらのいかからというのです。 なれなられるといるという 了一个人的人的人的人的人的人的人的人的人的人的人的人的人的人 かんのかんかんかんかんかんかれるからい

いっていているというというというというというというというというという の意思いるするのであるというとうとうのはいるのかの ところうとうないないないないとうとうないとうしょう AND LE PARTE BERTON CONTRACTOR DE LA LACTOR DE LACTOR DE LA LACTOR DE LACTOR DE LA LACTOR DE LACTOR DE LA LACTOR DE LAC

おかけるとなるとのです。 しゃくなるとのなるとのである 一心的少少别的人人不可能的一日 ウンサースなかんないないとうないとうるのか かんかられているとうないとうことかられているというと いるからいからないとうというというというという

A Single of the property and the party of th 因我是什么的对方中在日本在日本的一个一个一个人 BOBOTH OF THE STATE OF THE STAT THE CONTRACTOR OF THE PROPERTY OF THE PARTY March Contraction of the Contrac ANT THE RESERVENCE OF THE PROPERTY OF THE PROP かかからうはましてのかいるですのかりま あるからいというのは 日日のからないないから 人世中中心學的教育中的母子中的 を記りからのはられているないのはなる 中からからないとからないとうないであっているか る人生のないとうというというないないのできる LINE TO THE LINE TO SEE SOME DOMESTICAL SECTIONS OF THE PARTY OF THE P the second of the second with the second はるいることとのはないないとというというない。

明日的 をおかりのであるとのであるから AND THE PROPERTY OF THE PROPER 一人人的一个林里一回新的一个中午

五大年中日本西山西南南西山南西山西北京中北北京 からないないとのあるなるあるながらなるないと 中は日本でからからのからのはいからはいかられていいからのはい THE PARTY BERNERS CONTRACTOR OF THE PARTY OF THE THE PARTY OF T かるとのなるないないとうないとのでする。 からなる いまれる 大学をあるののなるのと

京都安の中央はアドンRCは教のまれないであせ 一年中人的一年的日本日本日本日本日本日本日本日 THE STATE OF THE S 大学 一日のからなるないないのできるとのできている MOVED SON STATE OF THE PARTY OF からかられるが上の中では一大きないとなると

THE MENT AND THE PARTY OF THE P があるかりまでいるというというないというないのからればれ 公子ではいるというのははいいのではないない なるから 日のこれのでというないないのは からからしているかって、するのからいくかのかった

はるとうというとうとうとうとうというというというというというというという のが、これでは、一人の日後、またのに、日といるのかり 四部中人名其代子教命,多名其代别人人 かるではまないうからればればかんといれてはよ -1の大きなのなるのはないのはないのできないという おいからいからからなられるないとうなるとう くちばんないとうましているというというとう いかかいなるとうとうというな国のなけれていい いるがはいいしているのでしてい とうかられる。しておことですりいとしているというとない

THE THE PARTY TO THE PARTY OF T いるかれたとうとうからかれることとは、まないか いいい、おいかはないないとからないないないないとう A CHANGE OF THE MERCHAN THE PARTY AND THE PA るととうなるというというと

ANTINE BESTER STATE OF STATE O A LEAST SAN TO THE SAN はないとうないとなるというとうないとうないという るからかられるかられているというない

くまずしというなられるないないないのできれているという のおかんとうなるのから、うないとうなるとなるのである 大きてるとうるというないいないようない かくとう AND THE PROPERTY OF THE PARTY O

CALLES OF ACTUAL STATES OF THE おうからからくないまであるというというかん 一年の一年一年の一年一年一年一年 中年中年上午年 1000年 Short the things of the things 本語は、大人の強いいいてある村の村の大人のはなく

新記ではかののとかけばまな中間は BBのかり SO THE SOUTH A とうないまとうというとうというとうというとうというとう 明初日本日本日本日本日本日本日本日本 中国的社会主義主義の大人の一大人 1年後、1年後人のはいいはないのは、日本人はあると かんないのいとうないまできるというしくしのかっちょう

とうかいかとうなくなくないとうないとうと おうとのというというというというというというと あってきないかんだんないとうとなるという - 大地上午上午一大日前中一十十日日本人家大人 十里にかられるかかなるとうとう (かんないとのなれるないとのないのとというというという

(からないの)るのるのののこととというというとくないとうない 京中、日本できる。 100mm CANARA TARRANTA 一大学のないままする 一大学 というなられる

200日本土日本の前のからの一大日日下上午日本 (からないからいました」、はらいないないからないのかっ 大学であるからいのとのというというないの 出版格在大學院の名人人的一日日本人 こととというとうとうとうないのできるとうと 一人の一般一大人不然的人在一大的一个一个人 ころれるとのないではないないとのとはとれて るとというないととととというないないというと

Tulary and

A CONTRACTOR

ひとからなるなるなのとのなるないというないとう Control of the Contro とくのかとうるののできるのからいのとのなっている The state of the s 中国中国中国的公司人一种一种 STATE OF STATES OF THE STATES かるままいるのかか (人名)

マースセマナンスプル 世代をなる

The state of the state of the

文成のはかる時間ではなるないのかかり そのでというないないないないとうかん

不是是人生人生了一个人生人之人不是一个人的人 ではいるとというないないないというできる とうないとうないのまないのでというようない おころはられているないとのできることは、そのは、というという A COR SE CONTRACTOR CONTRACTOR OF THE CONTRACTOR 日本が日本人十七日本中かれているとのなるとは一大日本中日 はなるないとはないとうないというからいいかい TO THE PROPERTY OF THE PARTY OF

いれていますしていまするということはいうでする いるのかれるないとうというできるというないというという Control of the the transport of the tran かれていることというとうというとうとうとう いかしんないとないとないというというないというないという

とうでくるいというないとうないとうないとうできる こうしているなるとういくないからいるかられる L'ASINGATION CASIN SAN CASIN C The British White British All 也可以外外中少女は公司を一回りする つからかんなというとというとうないというというない THE STATE OF THE S THE THE WASHINGTON TO SEE THE SECTION OF THE SECTIO

MANUAL MA きないなっとかいというの中なからからとない かられるとうとをまたのはというのないから 第一个 100mm 1 TO TO THE TO A CONTROL SON OF THE るのできると 一般が一下の人人の人人のころの

CON MONEY TO CHAR BOY ON A STOCK SON るとのないのであるとのないはのできるとのできる 大きなないというなくなるというとうないというないとうない 大人子中国から かんからるというという CANAL AND THE STATE OF THE STAT 大学の中では 一日の本人の一日の一日の

かったというかるというからいからいかっている ていっととうとうかんとうなっているというという 中一指有事 大学の中人の日間上午一年日日 かないとなるからいと、からなるとなるない かられていていているかんとうしますというとうないとう なるないととなるとなってあるといれるといれるとい

ないからいというないないというというというないとなっています Service and the service of the property of the service of the serv CONTRACT BOOK CHANGE TO THE STATE OF THE STA 大学の大学中心大学 大学中文学中

からしては、ないのかけるとしかしているといいとといいとと まることからいます であるかりますしなりとれるよう のまするでは、そのでは、ころうのできるとのできる。 年となるこれは、一日本の一日本の一十八日からかのしているのか THE ASSESSED TO SELECT TO THE PARTY OF THE P 一年不是一年一年一年一日中日中日

大部門 一個一個一個一個一個一個一個一個一個一個 祖父是事就是是一年我也是一年我的一年 是我们不是我的一个我的一个人的人的人的人 中華里等了一大學了了一大學了一大學 B. Ages of the sound of the total of ととうれる ときなるとうないとうなるというないと THE STATE OF THE S

ころがなるとないのなるしかのからなられているとないと となれているというないというというととはないと とうしまするとというというななないなりしませんないしません というは、これできるいのはのいとはないとうないという の自然の大きの大きの大きのないとのできる 少公里我不是不是我也不是 MAC SOLDEN STANGE STANG 1000 · 1

一个一个一个人的人的人的人的人的一个一个一个一个 本なるでは、ないとうとうのの、世界の大学の 中的北京的一个人人的人人人的一个人的一个人 中国的人生活的一种中国的中央中国的中央中国的

BE CONTROLLE THE PORT TO SEE THE SEE THE なるでは、まかしているのであれていい されていまするとうというかとうなったい ことうとうとうとうなるとうというといいろうというと

一大のないないとうとうしているとうしないとうない 大学 ないところとというできるとのないというというという ないとうないないないまではいまないないないとう 大学人生 一人一人一人一人一人一人一人 Conduction Salva Mistra

13年中では大きんのからかられるという中国に 大学的一点 大人的人的人的人的人的人的人的人的人的人的人 State of the Brown of the State からかっているとうとというとうとうとうというという かるのとしてなっているとのというという からは風いからいっているというというとう 好一大时的城上的人是人在了一个人不是我们的 少少いるというとうないまないのでしていいのはい いかれているとのとのというというというという

THE PROPERTY OF CONTINUES OF THE PROPERTY OF T ADDITION TO SELECTION TO SELECTION OF THE PARTY OF THE PA ではなくとなるないのではなるというという 老人是我的祖父母人是我们的我们的我们的一个 Order Marchall Land Colored The state of the s

るがはなりはましてくるとあるないいはませて ARCHARACA CONTRACTOR OF CASE OF CONTRACTOR O 本人人的人人的不然不然不是他的人人的人人 THE PROPERTY OF THE PARTY OF TH あるとうとのではしてましてうでいるかられる 以此大部分了一面的人人的由了一场大路大路 MANUAL OF THE PARTY OF THE PART さんないとうとうとうとうとうないとうないとう

一班了中班的一个的用的了一日的五十年了一大的 The branch of the Continue of the state of t なっているとうとうとうとうとうというというという BONE SON HOUSE ON HER SON のうとというできているのですしいからいろう Marie State Branches

るがはなりはましてときまるではいいませて からなられるとかとからまるとれているかん あるかんのかけしてましているかられるかん 以此人也也了一面的人人也是一个人的人人的人 MANUAL TO THE SECOND SOLVEN SO さんとうとうないとうことというないのはいいとう

一班了中班的一个的用的了一日的一个一个 The property of the property of the state of 一年日では、一日、日本の日本の日本の日本の日本 The Charles had a discher the start of the s とのなるとのではないののとのとうというと しかってというでしているいろうというという Marcolate Branches

いいまけれれているのかとしまるとうできる とうないまとうかららいないとうないとうというないい からないからなるとのとのというとはいいません つかんないかんとうとうとうないかんという 一門大學的一個一個一個一個一個一個一個一個一個 人家路路到了我里的了一个一班点少的工作 人名のなるないないないという

は、日本は、日本の一下は一下は一大大大人 李一回了我中心我可以我们一个我们的 The service of the se TO THE STATE OF THE PARTY OF YELLES 公文文学、公子及一个人的教育 いるかのととういうかいいのうちょうかん いるのかって 地方のを 野村はからのかい

本一次一位我们的我们的我们的人的一个 こととうのいのあいにはんちんないとうこととと からなるないとうできているがく こうであるから 一部里在我的人人的一个人的人的人的人 (いんかならくなるのない

出の日、人ののの日本中ではないのののの一日の日 MAN AND THE MAN AND THE PARTY OF THE PARTY O このかかくのでかられているからのであるから CONTRACTOR OF THE PORT OF THE PORT OF THE PROPERTY OF THE PROP

一日本日本ので、このであるとのでは、日本の日本の 人口的人一下的人的品品的品品的人 日本中に大きいるとのである。 というないと A MAN STAND CONTRACTOR OF THE PORT OF THE

海不里了是我们的图人在人人不知此的人之外 かるはないとうとうとうというないははないない は 一大人の日本のからがあるかんという ケリーなできるのかのかりというないからか とうないというとうとく しょうしょうしょうしょうしょう 大学のないないというないないとのは、大学のというない

李光了一里里 一切地口的路上的日本 MAN TO COLORD BUT THE LANGE OF THE PARTY OF まるのではないというできるというないというないというないというできる 日本は、日本一日の日日からのとのとはは大日本の大日本の大日本の とのなるのであるとのであるとのなると

四大人一大大人一大人人一大人一大人一大人一大人一大人 とうとはないとうないというないというない! 大大大大人の人というないとののとのはないないと かっているとは、後には、日本のはいかられているとうないと 公司以外的中国并不中人生活的人的一个大大 日本の一年の日本の日本の日本の日本の日本の日本

かかかからのかはかりますから かっまりかいいくらうしてとかられて Jun - Standar

の一大大学は大学でするとなり出かりませんと このとのではなるというとなってある

からのとのなるないないままままであるとのとなるとのという THE STATE OF DESTRICT OF THE STATE OF THE ST まるのないとなるというとのなっているというと あるからのでは 日本の日本の日本のはい 人工社会工作是一个人人人人 一名人生在我们一面不是一个人的一个人 あるのかっというのかのかんというという

などの大変を引しくなるまかいからからからり 大学的一个人人的人的人人的人人的人的人的人 THE STANDER OF THE PROPERTY OF THE PARTY OF からまするとはいいのは、 1000 大大はは、大小のでは、 1000 大小では、 10000 大小では、 1000 大小では、 1000 大小では、 1000 大小では、 1000 大小では、 1000 大小では、 47744 います、かられないないかられるいとうない

からいい するはしいからしているしているというと かましているとうかん ノーからりかりしまり 一個人のなったのとの人のないというというという 人生の人はあるののなののなりをあるのの つからかるとしてのからのであるというかられている からいろうととなるとうとというとうというない いれましているとうというというとうのなるでは

STREET STREET STREET STREET STREET かいいいとうとうかったからのではいいます。 東京·お口ゃんないのは、またりというというない。日本 出心を変えるがいるのかのからは、一人がないる かられているのできるというというというというないので The Residence of the Contract THE BEST AS LESS OF THE BEST OF THE STATE OF ~ ないまりでないるとうとないり、小人ののは、

サインというないのからないのしているというと つくかいとうしているかんのとうとうないとうないと おおとうないかんしてあること 大きないとう

John Color Com Com Con State of りているとりしままは とし、一年ののかのでは大はアル

おんとうないからしていないというからいないとう! 上海的人人一种主义的心理中心的人 からかは とりてるのかののかかれるるとはない しておいまであるとうとなってなるとなっているとうとうないというというという 「金をこのかとうかりまれないころうとはおよれ CARCEL LA SECTION OF THE PERSON 一世之以外的 一世一年一年 San State State of the sand

(学生生生人生人生) 高いからからのとなるとなるとないと 以来」と「日本のは Man 」のるな 2 一日、日本人 かられるいというできてきまるかんというなりてはようかな 一大きしているととなるないとうというとうという しているとうないとうとうしていると とうしまするとうとのない

風でいる新女子や STATES OF THE STATES

るかというというというというないというないという 一日本中一日本中一日本日子中一日 これなっているとうない しかられるのできないと かしるのでしているとといのできるのかとう かけるころのかいてきれもちろいのノンとう

ALERONOUS MAN STATE OF THE STAT をごういるいとのりますが中でする。 ではないままではません。 では、ころうとしまりないまうろうかろうと かんかかりましてあるのとかっているというという 一つからしているとうないというというという 一年のからかんとうというというというと 学をはなけるとのなるとなるないとは

这里里 2000年

京本が大きのというのでは、大きのではない 不是我的人工工作的公子不是我不会 となっているとう まないの とうしいかいい

明しているとうないとうないという 大学のなっているのではいるというと あるのでのはないというないとうというできるいるとうない かんというしょうしょうしょうしょうないと はてかべきないまかんとうとうとうというとうとうないいろうとう Service Control

報をこれのり、明明にいらいからというとなる 12 12 42 42 CA 不有明朝了了一个一个 西山中以中田田田 はるまとのしてまると 大きないとというというない されることというない いかい は一個一個一個一個一個

されるとも見りるのうる

THE STANGE OF STANGE ST というというというない THE THE COLORAGE ASSET とうないというという かとう多路をひとり の意义的は世代的 からっているないとうない とは日かんなとなって CANTON MAN DE CANTON CONTRACTOR C

られるとままましてまり 上京了一个人 いまかりかり 一大学 中できたいろうのとから 了不好好的一个好的 出地の大学やるのかの くれていていいとうという

とうなっていていまりますのからないというからから まっとうない ましいかいとれならりかれ うとうとうというというというとうとう いいとというかかって

图像以其外不到一日· 第一名的四个人 ないのとうとうとうとうというないといるというない くろうないというというというとうとう いいしてものとといういとうというできる かっているとうとしているとうしている のなべんないとうまかしてあるとう かりらうしてのからととしてとれるといので しいるのない

大学的是我们到了了一个一个人的人 老此次是是一个人人人人人人 京西南京である。大田では、中山大田田の大田で 意思しておいるのか、 といれることの一切と TO STANKE 一个人人不管要要的人 中国的人人 文题图本在文文文的图图的文文文的文学工具 一年のからいのはの日の

出するというとうとうとうないとうというできない かれるないとうとうとうとのはないののはないの 李三郎四年次晚 一次一次一次一日中部 至大大野了文文中等一一一大大大 おというとうというというというというという

まなのであるないとののないからまたのへと からのはなるのなるないのではないないのである 人でんとうなるとしていままかしていしていているの いるようなしなったいとうますをはある かっていていましているというというないのできることということ 大人を なるのからいのなるない ないとはのかい かったとしてきれるはくとうとうとうと からりしてはなるというはんないのできるとう

大江中西北南京中山北京一大村南北南北京 品をなるとるとしてもは 部をあるのとのとい でするからうろうというというというというとうとうとう 一個一個一個一個一個一個一個一個一個一個 大学、大学のない人人はないが、大学をからいい。 なるとのはないとのうであることにい かくなくかかいとうとうないてからかくある 了一人是是一个我的母子子

TO THE STATE OF THE PARTY OF TH 日からからがはまるとなるととうでといいって けるしいのかのからからからからからからいってい これであるようしいとういとなるないとと とうしていませい このかしるのかない CANTION OF THE POST OF THE POS 上の大学の一大学の一大学の一大学の大学

まるとはのしつはくろうではしないはれている かっまり、あるかんというないというというという かんしょうかんなんなんなんないとうとう からうしないからかられていることと THE STATE OF THE WAY TO SEE AS THE POST OF THE PARTY OF T とうなります 一人のとうかんから 日本の一日本の一日の日本の日本の日本の日本 到了了人工工作了了了了一个一个一个一个 MENTAL BROWN AND TO SENTENCE OF THE SENTENCE O

ろうないというないというというないというとう かるというないのはないととしてあるという MARINE TOTAL SON STERIOR SOLVEN いりたははいかられるからころのありの大人 おからかられているのかのかられるというというと 大村子村的年中人的人的一大大小一大大小一大大大 July State of the Color of the 了一大大人一大年一大大大人的

大年 五年 プライスができてきているとのからましてしいいいようか しまけんからとうできています。大きのとうないと 日本人の一人の一人の一人の一人の一人人 一位公司 學者 经收收 THE SERVEN MANAGER STATES

ANTENNO STATES OF THE PARTY OF 以一年了各部一个的孩人民的治人人的是 人をおりかっていかいかいれている ANTE STATE OF THE PARTY OF THE していいかはいくなるこれしてなら / Tarken Cat アンタがいないというではんち 以表がある 明分级 女女子 O STATESTA かりかかいの

からかんないのからからいからしませんできる からからしないとのからのかられるからからい はまっていているからないというというというという 一年人是不是不是不是我的人的 YEST BE Charles of

然人為以中国小田門出一里的国家的 いからいとうとしていくないしているという 大江大小学 あるとなる あるとれるという からりているとのとのというないようないという るい本地であることのなっているとのけるとのけること September 18 might free free ているのかというというでいてるとうな

THE CONTRACTOR SERVICE 和一种也在一个一个人的人人的一个人的人 大学をあるというというというというというでは こうるのはなられるののおれないという The state of the s 古公主 北京中心の思いいと、火生了四人 いは、日本のあるので、日本の 女人人

THE SECTION OF THE PERSON SECTIONS というするがからなることのはころからかられているの かってきてきるとのととなるととないとう なくなとれれりとというともはしているであると 西南人名称 多色日本地方外国的人在老人是 (人名が国の人名中国 女人人名 ありかいまかん しかかっているいかのかのからのはにしているかい

大のできんないというというというというというと であるの人となるというないかられるというという 一日のからからからないない 大田の一切とはず、大 ~年本年典をかれているとうないとのようか とうしていましていることのかれることがです こののない 世人のないのはのは なんまんなると いかられるとしなからかられるとしているからある "多更已经了的过去去了不可多少的可以的 かんなるとのなるのでは、大きないのでは、

大きななるとして (あんなななな) 大百年秋日子的子的大百年秋日子中 明 とからは、からのできしかのは、またからです。 大きりからまるとうなんとうけれるような ころうないしてしていませるのから からの (をまるなのは、大人はのない

るというなられている 金の人人人の一日本人の一日の一日の人人人人のあると 少多人可以 ときるって 一个日本人一年 八年四十八年 うかりいりのでい 大五十八十五年五八十五大

かりましていることにはいいいというというという ころもちからいろうろう

CONTRACTOR STATES OF STATE 中學是是我的教育的人的人的人的人的人的人的人 大きのからのではいるのであります。 一大のなるのではいるのである。 のからからまるがら 一般のあいのはかかは 五人子のとうなるとなるというとうとして かられているとうなったとうというという 我的人生一九年曾以上 在我的 大大大 整子了一日本日本的人的一年了一大日本年刊

一生好的人一个一个人的一个人的人 のまれるのでのとなるとはなるとはのとれた 明 三十岁日至一个好了一个 へのはとかりくとるのが、かられているからくとくなるというというと 中部一次中国的一个一个一个一个 一种政府是人人工人工人工人的工作的工作

大名子がある。大台子というない。 国在了一个人的一个的人的人的人的人的人 京的日本人民人主人教教长人之人在内庭·多 中一十一多人的人的人的品品的人的人的人的人 一年中一年一年一年一年一年一年 いいいというというないというというという 一个一个一个一个一个一个一个一个

からならかり からり ナナスターかんとうからか しるは、ないないのののとうなっています。 かんだいない BUTATO OCA OF THE MENTER LANGE TO THE PARTY OF THE PARTY The party be allerant to the said りのでいるがいとうでいるというというないというなくい ·小孩子是一年年上了一个大孩子的孩子 いれるない、「つんは人はってれて、しつといいは してかられるとうかのでうしているというという

大田のはいるのであるとのではいるのである あるがったことがなったれた 南京をあるため あるといいいのはるいというというとうと となっている時となるというののない 一大きないからいないないないかられているとう おいかとかないとうなりてきるが、安は世界 ましているとうかんないからいろうかん STATES OF THE STATES OF THE MESTING SOLVEN

A TOPER OF STATE OF THE COMPANIES OF THE PARTY OF THE PAR いかりるまるのかとしてあるとはいうとうない とうのなってからくなっているとうというというとう まできているというないのかというというという りしてるいろいろのかとうとうれるのくとすると

本であるこうかかかっというとというないというと 三世代の大学は一世十八十五年で、で、一大学 一个一个一个一个一个一个一个一个一个一个一个 出るからなっているというというというないというに かない 一般の一般のでは、 ~のからですとうなのかとというというというというというという あるあてる日子がががんとうとのあって しておしからなりはいかとうとうとう ろうとりないましかっていからるとう

はからなすとうないからいまするからのできるからい () はないとからいというとうとうとうとう 歌るが中文をかいます。 一部子はいまるからから 了年一人生年一小人的人的人的人的人人的人人的人人 经最大的一日子子一个好人的一种一种一种的一种人的 しないと からととというとうかんとうしていま からなるととというとというないないとなると

CANANA MEDICAL MANANA MANANA MANANA くますがいないうかしんというとうなる VAN STA 多了 1000 A 公里 1. IT いかられているという しない。中野は一 外的 いが丁思い

31 [31] SA

可以一大人一大人一大人一大人一人一人一人一人一人一人一人 文子、子及出上人中的子、次文家一子中以外 ~まれていいというというというとはしています! なっかからしていていていていているというできる 中国的大学的一个人的人的人的人的人 - Same Starte - Arching Rich

大江中からりませんなんないというとうして (多一年)五年就是了新州北) 好外的人 またいとうとくとうとう あると THE MENTINE MINISTER STATES OF THE STATES OF 大大人の前のあるかられた。中年には第一一 いるのとうというというというというというと かれているとしているというとうできている かられているというというというというというと はかんないとなっているというとない

一老人歌 到外心也多生地原 公共工一致知知

THE THE POST OF THE PERSON OF Gas Jon Jones John Consol

到在小一品是

大田の日本十三日本

The Company of the Company

BACK TO THE WAY THE of Mary Start of Jan

TO THE DAY DE TONE い方方を大大 る一生まない というかいか

Charles Tent Part Con Mary Ton

今一年中央一大学中央一大学中央一大学中央一大学中央 The Above of the William of the Contraction of the いれんななくめるないいという いいとうないないというないという

Der Sight January of Charles THE STATE OF STATES 以れるとかないの

THE SOUND OF SOUND STATES Order of Standard 日かられる(からか)なりまるの

The opening to the way to the the The retained for the second of ですっているとうないというというというというという

いいかいいというない とかってくというしまる THE SOUTH THE THE STAND SOUTH STANDERS OF THE (多的人人人生的一年一年日日日中的人人 公前年代十一年四年代初後上午了一年的 大きっているままれているとうまると いしまないいいからからないかんとうないとうとうない 一年またられているいというないというというというという

るっているというとうなるというないというというというという 公主即日中中国 经一次 日日中中日日 2000年日本日本日本日本の - 一日を生せいとうないいいのとく しとりというない

我们的一个一个一个一个一个一个一个 との子という、一名のはののからのであると は、少女のであってまたいっておりしいというないというない 在公公的一年的一年的一年的一年的日本人 在日子(水子) 2000年(1000年) 2000年(1000年)

くしていてきないとのとはないしいというとうしていいくい SAN CONTRACTOR OF SON SON SON さるとかいればしてもののしていまといれています おいる。 はくるとのはないとしてくないのでは、大 これのからないととというからなるようなられるとうない かんからなく、あれるとうなんしからしているといろいろう

かんれる一日の日本の日本の日本の日本の日本の 明日 のる、日子人をいるとのないのは 一日子の中国の日本の日本の日本の日本は、 村成本の一大一一大大一大大

Cally Contractive 一大はいいからいからはない 多年以下的人

大大大人の日子の日子の日子の日子の日子の日子の日子の日子の日子 一般をしていていていているというできるのです。 大田子 日からいとからのまくのようが、年間は もののまって からいる 一切のかりるのはのでする りまする。 まるいとのできるいできる。 1000mm

THE BUT BOY OF THE CONTRACTOR OF THE PARTY O いるからのあるのとからいいのはいというと らるちょのいのあったのとうできたいとうころ かまるないというとはいいませんというとない 出外的 ころれのはとなりようないとの 大きとうとうころうとうからかん

BANCH SE ME ME MENT SESSE MANDER THE STATE OF SELLEN STATES THE ST 在學生之前西門教士的大學工作學的學校大學 とうしてはないのからからからしているというと からかられるなるのでとうころとれるかり ませるとうとうというにあるいろうなるとう けることがとうないとのはははないまないません

日本の一切電流者があれた我後の日のある を では 日本のでというというというという というしゃの あるかかい 丁中ののり AND SOR LOS TO THE STATE OF STATES 品をかれてはははないでは、大いはれかから The state of the s

中国的人的人的人的人的人的人的人的人的人的人的人的人 のからのとのあるおはこれをできているのとのできる BE OF IN THE PARTY OF THE PARTY 公司を一個の一日のことのことのの一日の日本日本 大きなののとのではあるというでは、大きないではない のいかいのかというできることできるというないから CHANGE WAS A SOUND SOUND

ではないというないというないというないというないと たるちゃしまる 大のなんとはんというというという TOBOLINE CON CONTRACT CONTRACTOR まっていいかますしかかっているとしているころ TANGON THE DESTINATION OF THE

一年中的一个人的一个一个一个一个一个一个一个 それであるとうないとうないというというないのかっていると 班也不是我一个人人不是我的一个一个 のはいはくしまるようないとうないとのかられているという 的大人也不是一个一个一个一个一个一个一个一个 ころいいいいいのかのかいのかいのかいかくまりまして

一人就也不是我不知了我一人就不是我也不知了 おかり、対けるとうなるななるないとうなることのから からかんというとうないかりませんからからい 北一日本人中国 明 大日の大人教 以前の日 人のからのはなかしてしているのかのというというというというというというというにはいいいいのは、 かんないとしないとからなるはない

如中北京中央 東北一日日 十年の日日本大人 一班一班是一个一个一个一个一个一个 中心中北京不多的人的 不是一个人的人的人的人 好るがなりない 日子中小田子のか というないないとのであるというとします!

本品的 在原西西西西西西西西西西西西 おおからのならいから、あるありはのとから

一日的人人人生生了一个一个一个一个一个 しているとうないのかというというというとうと (一大の事人のないのであっていいかんなしのはないかん 年年中では、京日はからくの一年後へには、おかれる してまたからかられないというないというないとうないとう 一大大学 大大大学 日本人大大大学 一大大学 いるとうというとうとうとうというというというというというという くちないとうとして、かれているというというとう

TO SANDEN THE RESERVED SORTHER SANDER 一大学のでは、大学の一大学の大学の大学の大学の大学 北京的東京の一人 はいかりのかられるのであれる Lander of the party of the state of the stat The Bit who were work or or the back おおくらんはいいまかれるいからいからいから おようなないとうなんというないというというないと

事的人是我们是我们是我们的我们 一起人名的中国人民国人一人在的人 我看面我不是我的人的是一个生活人的 日本中部の大学の一次は一次は大学中年中日 はなりしまりとうとうというから The sale of the sale of the sale of

上京といるののののは、大村大村大村大村村 ~るというないないとうとうとうというないないというい 是一个人人人人人人人人人人人人人人人人人人人人 おいているというとというまであるというという The region of the little and the property THE STATE STATE STATES AND STATES AND THE STATES AN 第一年的子の一日のの一日の日子の一日子 医我是人名人的一一一一一人的人的我的人

かないいしからる あっかいとうというかり、しからか 一時回車とからしますが、まれるゆくからある 中のではくないとのかいかのかり 本を思る人人ないないというないというとはなる 大大学人子人人人的人的人人的人的人的人的人 大人は日子に、東門的のは、中山の上の一大 からのかのようのであるとのからいとうないと

からかしいとうとあるいとあるからなる BESTER ON BEDDENE STATES - 1 SECTION OF STATES 出京中国的一个人一个人的是国的人工 我我不是多人的一般是因后不好的我 了一个一个一个一个一个一个一个一个 マインインインサーヤマアラ

到文中北京中央上海中北京中国 かくとうというなのからのは、しからとう 了一种的我们的人的一个人的人的一种的一个 了我了了我们的一个多多一个人的人的人 まるしたのにはいからならんというれるというな り、からりとりていくまる

SON THE MENT OF THE PARTY OF TH 中ではるないのである。 まれなるというです。 1 るのからいかんしまるしているというない そうかからないのからのしのからしないとうないかい 大学の一大学人をなるのではある このちめとなっているといれていしまのかいるよ してもころくしてまるかりまする すれ 本ののではないのからないのです 一年一日的一日本中日本日本日日

大学をあるる 大村 明をから、新日 はんとうとうということのはいいいのからからいろうと THE STANFORD PROPERTY OF SALES OF SALES 大事部上发了人名人名人名 我们 なからいっていまるのでのはいいようない 国的一年中中中中的一个的一种一种 かられているという 本はいかられているのからい

からなっているとうとうとうとうとうというないかられている はいっていくとうというというないとのできるというというという A CAN DE LAMBORD COMPANDA COMP からいとうとなっているというというという 到了不是我的也是我是我的人的人 BOLDER BERTHANKS BALLES とうちなしいろとのかとくてのかととし、見味

赵岳台司一年中中中国的成员中国 世のからかられていれるからないというという 日本できるとりりは はしゃくてきるがいまれた 大田のかれているとのではないないのである。 さいまればれていているというというというないという 199年中国的中国的工作的工作的 出記事事子 子のいくればしまないとというという State Water The

MANNER SE MINERAL BOTH BOTH BOTH とはまるとうないないののとかけるよう かんとうというとませんかんというないまであると 小村子的日本村一个日本日本: 下西日本日本 The the design of the off the THE PROPERTY AND THE

このなのなっていていていていているというので あるなると 日本の ある 一次 ははいりををかから さんないというというというないのからのからしているというないと THE TOTAL PARTY DEPONDED TO THE PARTY OF THE TOUR DESIGNATION STATE OF THE PORT OF THE वर्षा 大公林(新日本中国人家中国人教人教中的 していまるとうないとうかん とうなしとうりかん

ないのというないとは 大きないないというとうないとうない 明 1000年以来的最大大多のはつし CONTRACTION OF THE PARTY PORCH The termination of the state of の方型の対

というないという

The sand of the sa さんからいれていれるというなっていかとうと いかけるのはかれてままかったかりとうこう まれているとのとというとこのとというというと 一种中分里是不可以因的外别!

~ ないとのなるというというはないというというという 如了我也不是一日中华大学 THE STATE OF THE S - STANKE - PARTY CONTRACTOR STANKED BRE. TO Speries of Frederick of the Service こうとうないる かんとうしょ ロイマンシークライ

湖南北京一大部一下 南天中南部 大の面においいいというとうなっというというという Signature of the state of the state of the where he rainer in the transfer the transfer in 日でくれるからいこの書の日本いのかから から、からします、大きのは、ありとかり 不多一个的人不是因为的人的人人 のかんかられている。 はんかんかんかん

行了、近日本のはままれるいのであるのはないとうます 大人とのというないないないないないと、国家のではない 一年まりからからない、大いとしていくので 聖祖 なるではりますい いるとののとなるよう TO THE THE PARTY OF THE PARTY O はいかからというというないはとう

とうちょうというないというないとうとうとうとうとう 古田とう人をとうしている一般などとないり TOTAL TOTAL STATE OF THE STATE 其中人民人民人也不是人人的人的人的人 西南部の五名の上西京の大田の村町町 19年~ をはるないないのでありのころ 大多一人人人一年一年一年一年一日 ~ 一日子教教教一年里世

经前一年了一个一个一个一个一个一个一个一个一个一个 大多好在西方中人人人人人人人人的好好的人人人 日本の日本では一年の日本人は一年一日本人 中でいて、上京とうとは日本では、大田野は くているいかられていてありかり

あるころというないとうととなっているとしてある からいまるがくるのは、大きとうできた からないとうべく (ないかんなんないないない 一年的是一班的 的人的 一种的人的 からかってあるないなのとはいるないかがありし出

BUTTON STATE STATE STATE STATE STATES OF THE 等於此可是在於在一人也不可以不是 とのなり、一日子一日子一日子一日子 一日日子 以我不是一个人一个人们是一个一个人的一个人 一個可以外的東京 人的一人人

9811

一年の大学の大学

かいいいいというというとうないとうというないというないとと のなくなっているいというないとないという X

成了一个大路一点大路的我了一次的人 大子中のないとうないとないとりないとしているかい あるとのははなくからくというというというと 日子日子 小学以びい一切から好場的と からる地へのしかりまするというないのかい おろうなるとのとこのとのといるとはの! あるるないというないとのであるのか 改是不一个公司看成一次大

いてかりしまるとうのは とりしょうとはいるい CACAMATA CANA CATAMATA CATAMATA TO THE CACAMATA からからなりうかのうろとうりかけかり していているかとうというというとう かんでい おいましたいいいのからいのであるとい とうない いまり

THE THE WASHINGTON TO THE POST OF THE PERSONE できるのはいのはいのはいのできるという からのとはないというないというないからいかん とうのないとうないというないとうないとうないのかい からころとしているのでものできることのころのころとのころと 一年一多地不是人人的人的人的人的人一年多时间 くしてくないとというというないという 一年一年一年一年一年一年 聖皇子子子が

一年の名の一人名の一人名 小のあっていることのなっているとうであれいけるい 大多年大路在京都市上的商品工作的 如大米人的人 とうというとしてとうとしていることのころ とのうないとうとうとといれるないの していまなしたのはったからいるのできてい しているとうないというというとしてしていましていく 918 10年の下

とは、からてして、日本に一名がとして、おという SPONS AND STATE TO THE STATE OF STATES というというのではないないというというという かんないとうとうとうないないないないないないないないというというないという 大日とうではある 南南でとうは成ちによったれ いるとは、からいのかのからのかいかいのからない 一年 大学の日本日本日本日本 かられるのではないとのの おれてんとのある

中心的情報 公子の人の一年を見る人のある日本 あればないしているとれてはいいかられている 一をうしてとりのからかりかっていま かると なるとなるとなるとなるとのないとの からない 一般をなるなるは 一切できるか 日本了了了一個人也不在一個人一年一日

我们不是一个的一个的一个的一个的 Wind to hear for the seek to seek the seek 了我人也因出るる例では、今日から日日 大日本一日日八日子一十二十二十二日本 北海野を上西世中一部ライヤ 切るからに国田 如此一日本中一日本中一日本中一日日 日本のからいとのは、日本のはのはのできるというのでしている

一年 教教教育是公司的人的人 からはまるないのはないないないましているという。 とうないしいないとなるないのはないしかないと しまなっているのとのしているとうないとうなる! 中部一部二部一名一人名人名 · 新一部一一部中 してはなるのかくかんかんかんかん

ないないあるともないかなしかんかのもとれてあると SACE TO THE PORTION PROPERTY SACES 本本をないと、これのことのことのといると、大き はてきるの していることとしているのはなる 加大とかってるのなれたないなるとはからい なとうている たんとう かりという 原成との まる 本でるなる はれ 本 くりの ~~

とうこれのはいのかできましてもいまっているというとう! THE WASTER OF THE STATE OF THE おおからなっている大小一大大の日本である。 とうないないとうないのかとのはないというというかんとうないとう MANUEL BLANK COURT OF THE COURT OF THE COURT 馬の衛衛を中人を国を一大の馬のながないのでは THE CANDINATE OF THE PARTY OF T とうかられるというからからりますりまして りはみないのからいしても、これしません

日本日本日本日本日本人、今日北京大学 かりのは THE LANGE LOS - LOS MESS LITE BELLEN 435 4 25 5 M 中国的人的人 在一个人的人 出はしてしまするとうとうのではいいかれるとう まりののない、一人とういのをますはしてす からしているからからなったのでしているとしている 五年最大的一次 大人的母性 的一部本語 Constant Property

まっているのとのあるとのとしてはないとうからいっとうか 田から、つから、なける中ではないからいできている。 一次五十十十八年一人中国的一年一年 ころとはいいというというとは、ありにはないい りまれているのかしののというというという

大学中心中国的教育中的中央中国的一个中国的 いっているないとうとときというであくとうます 一年のかられているとのできるというというない またない なない あるられぬ 一切ける 日本の一年の一年日本一年日本日本の日本の日本 これがいっているとからないのできるというできることのできる 大学の大人の一日では一大大学の日子子生の 大きりつててるできる

ACCOUNTED TO SECUL SECTIONS あるとうというには、これにいくのはあののました しているとうというないといれるとしまりませんと BANDARE AND KARE ないのとうというないというないと AS CAN LANGE PLANTING TO ALPOND TO THE COMPANY OF T からかられているというないというという いの田田中一下来るとと 大田のおかい

大学の大学一面の日本 一年人からから 京でからいのはのいのはのいとのは、大日本日 THE LOS - AND SECOND WHOM INDER 一日本日本大学の一日本の一大大学の一日本の一日本 日本のようない はんない というないないない とうない、なるのかのなのないとうしょういろう 一切らるるととの一本で不多にとりいめま

明めているとうなくなくとうないろうとのは、一般 在我的的你是我们的我们的人的人 大田子子 路像一九十七年十六年日上本 とあるなるしてしているかんとう おるなるのであることのころは 日本日本 とするというなのからいかられていると まるないとという! これとというないとうないと

(一)くなるがありようかったはまとくとして 的我也好一个人的人人的人的人的人的人的人的人的人 子野 西北地野 中北地田 一日中 いるないといれないないというという からにちる日本のにいるは

ないとうなけんとうとりませんとうないという は一般のなると、下下十十十十年的の人 ゆれいい かり 一日子子 日本の The state of the s 文作の日日日日の人 多いというという X11 (93) 1 マラーマンーX

想一種的一种所有我一大人就不知中在此 一场中心是一个一个一个一个一个一个 中國更多多的教子里一人多多人的人 おうまとれたが、一番一部へからいまく あるといれるないはいいというない

あるとなるのかなのとなるとという。 あるとう 一年以前的 中華一年 小大

The State of the Contract of t 到了一个一个一个一个一个一个一个一个一个一个一个一个 かくかくないというとうなりている SERVED BONNEY NOW IN THE WASHINGTON ないとうないとうなるとうというというないとう 不是我们是你是一个人的人的人的人的人的人的人的人的人

TONSTONE OF THE PARTY OF THE PA 中国の日本の日子の日子の日子の日子 明の一部一日日とは、日日とは、日日に日本である というないとうないのはいいはのいちのではない てもかっているというないないないないというという

日子教了一点人的一日子的 好的女母的 李公成了是一班好了了一班的人的人的 Charles of the many of the many of the second Stranger of the Control of the stranger of the BELL BOKK TON BY THE THE BOX TO のやくろのかったとうというとうとう ないかくかられののとはくりからい 了好多路の大手とは了一般人面的人的人生了

万事一班一天人の第一般人とひり出ります 大名子的人人教的一大的一十一大人的人人的人 一个生生了的人是不是一个人的人的人的人 とうないのかののののののではないのであるというという 中京教教とからからの前世のなり教文は 中国的人工工程的外人不是一个一个 THE BY CONTRACTOR SECTIONS OF THE PRINCE OF 中心 一年一年一年一年一年一年一年一年一年 いかっているととなる なるとのからい

中央の人民中央教育の大学の大学、大学の大学 とうないからいとしているとしているというのはかららく はとうとうとうできているというとうとうとうとうとう かっているというとうというというというというと 我们是我们的一个多名的人的人的人的人 大人人人人人一大田子田子田子一大人人人人 からからいからなるとのなっていることのできる そうなからでする 日本のとかられるからい あるとというとうしているかのではいか 了我是我的人的人的人的人的人的人的人的人的人的人 在我的我一种各位下外的人的人的人的人的人的人的人 しているのではなくないというというしているとう 一年でいては、これにはいいのでは、 ~公三次~子 2 4 99 如一年的本 多一日 图如此 於一般

できるからいのとうかく からりかられていれるいと 金四里一一是我们的人的人的人的人的人的人的人 なるというできているというかられるのから 日本人の中になっているとうないというとは、大人の日本の 一起の一年の北京大学大学大学 一年 かられるととなるできるのできるというないという ありないのでは 日日の日の からり かんというというとしまてのからり

THE PERSON THE PROPERTY OF THE PARTY かられることとというということというというという かんとうないとうとうとくというとうというない THE STATE OF THE S 世界的人在一个人的人的人的人的人的人的人的人的人 图以五面上了多一年中日 多人人人的人人

日本中北京中人下中中日日本大大田町大大大大大 はし、我日からのならくなべれく 古のないのよう 是国民国的 新发生人大人人人人的一个人一个人的人人的 のとなるとかいからないないないないまとうないます して出るは、から西にはいるという。 からので おおくとうと、 とうとうない (1000) 了多图小图 不是是国家的

でいるのでは、日本の日本の日本の日本の日本のよう 聖山安日子前、中北北北京の風上北京中日 子が お中国一直然由了大小五人人民事人人民人人 いるといういいとうなるのかのはのかりは

おおとれないないないととは いっちゃんというなんから 大学的一次的一次 本人在了一种大大大大 してのないのからいとというないのであるというないと とうまるようとうというないというというというできている。 100日日本中の日本の日本の日本の日本日日日本人 (人名意思文學, 如中心中意思文明是了中人 かけてはよれるののの日のの日日はまます 一、いいましてくないとうというとうというできていいいかい

THE THE PROPERTY STANFARM 国的国家中国人人大多的人の中心一日本 本でかったがはしるちに日からはないなられる DEPOSITION TO THE TO SENT STATE OF THE SENTENT STAT SOME TO SOLVE THE PATCHES

THE WAR CAN THE CONTRACTOR OF THE PARTY OF T というとは、一人のないいいというないというないましてい からないとうなると あるとうないとのは、かられているというないかい THE STANDARD OF THE STANDARD S THE STANSON THE PARTY OF THE PROPERTY OF THE ~ないるのしゃのからからからからいるとうないると 的是我就是一个一个一个一个一个一个一个

はまっているとうないというとうないというというないというない CAN THE PERSONAL SERVICES 以里以 X 是一人之子中 中国中人人工的人是一个人的人 記しいのとりとなるとなるないのでは、というとう 日本できてきるとなるとなるとととというといりのは 一年一年一年一十七年一年一年一日 られているとうないとうというというというというというというというというと はからまましからしまるましてましてあるの

- A Chicago and A Control of the Con 一日本の中国中国中国中国中国中国中国中国中国 TO STORY THE WAY AND THE THE PARTY OF THE PA ちかんというとうとうとうとうとうとうとうとうとう かられたのでと下れていることもはくれますのは 大きないるというないとないというというとうと ことというというないとないというとうという てきないのかかいというはなかないとうないとう

全江春 中静**左**志

吉田孫四院

アックショップマイタウン 〒453・0012名古電市中村区共祭町一・ 務緯縣高架内「本蔵街」「褶 TELO正一・四五三・五〇二三

祭行刑

그저니http://www.mytown-nagoya.com/

FAXOA人六・子三・五五一四